내 인생은 큰 선물입니다

내 인생은 큰 선물입니다

초판 1쇄 인쇄 | 2025년 8월 3일
초판 1쇄 발행 | 2025년 8월 7일

지 은 이 | 이두철
펴 낸 이 | 박세희

펴 낸 곳 | (주) 도서출판 등대지기
등록번호 | 제2013-000075호
등록일자 | 2013년 11월 27일

주 소 | (153-768) 서울시 가산디지털2로 98.
　　　　 2동 1110호(가산동 롯데IT캐슬)
대표전화 | (02)853-2010
팩 스 | (02)857-9036
이 메 일 | sehee0505@hanmail.net

편집 디자인 | 박나라

ISBN 979-11-6066-117-0
ⓒ 이두철 2025, Printed in Seoul, Korea
값 12,000원

• 잘못된 책은 바꾸어 드립니다.

내 인생은
큰 선물입니다

이두철 시집

등대지기

■ 시인의 말

혹독한 겨울을 건너
꽃 피는 봄을 만날 수 있듯이

잠을 버리고
뼈를 깎으며

올해도
바람이나 겨우 가리는 누옥 한 채 지었습니다

볕이 드는 쪽마루에
잠시 쉬어 가시면 좋겠습니다

2025년 여름
여덟 번째 시집을 내면서

차례

시인의 말 … 05

제1부

먹이사슬 … 13
삼층탑이 위태롭다 … 14
두 얼굴 … 16
가족사랑 … 18
시절 인연 … 20
무너져버린 윤리 도덕 … 22
신은 죽었다 … 24
풍연심 … 26
잘 죽는 것 … 28
나의 시밭 … 30
여름의 끝자락 … 31
아들 타령 … 32
남는 장사 … 34
내 안의 가시 … 35
빈자리 … 36
좋았던 기억은 없었을까 … 38
행복과 행운의 거리는 … 40

제2부

작은 일이 큰일이다 … 45
쓸쓸한 장례식 … 46
아내의 불면증 … 48
시월의 하얀 나비 … 50
가을 편지 … 52
고창 덕정리 제내마을 … 53
구시포의 가을 … 54
마지막 이별 여행 … 55
마당은 따뜻했다 … 56
시집이란 집 … 58
편안한 바닥 … 59
만추 … 60
허수아비 … 62
신의 법칙 … 63
작은 꿈이 익어간다 … 64
이상향 이어도 … 66
제2의 심장 … 68

제3부

새해 첫 일출 … 73
노비의 이름 … 74
인생은 예금통장 … 76
더는 구할 것이 없다 … 78
비 광光 이야기 … 80
왕송호수 … 82
나무들의 겨울나기 … 84
임대 기간 … 86
좌천은 쉼표다 … 88
로미오와 줄리엣 … 90
카르페 디엠 … 92
쓰레기종량제 … 94
겨울나무 … 96
갈퀴나무 … 98
서시序詩를 읽고 … 100
귀국선 … 102
바닥짐 … 104

제4부

사람 구경 … 107

혼밥 … 108

내 인생은 큰 선물입니다 … 110

설해목雪害木 … 112

남편 아닌 내 편을 … 114

미니 도서관 … 116

진달래의 강 … 118

지역 갈등 … 119

벚꽃이 지다 … 120

생울타리 … 121

부모님 산소 가는 날 … 122

이모를 선물하다 … 124

딤플 라이프 … 126

고백 … 128

아내의 칠순 나들이 … 130

연둣빛 칠보산 132

해설 … 133

제1부

먹이사슬

살모사 한마리
어느 날 하늘로 솟구쳐 올랐다

날개 한 벌 얻었을까
강산이 발 아래 펼쳐진다

갈색뱀수리에 붙잡혀
마지막 하늘을 비행하는 중이다

맹독 한번 써보지 못하고
먹잇감이 되어 둥지로 끌려가는 살모사

맹금류 발톱에 붙잡혀
소리 한번 지르지 못하고 죽어간다

자연은 예외를 두지 않는다

최상위 포식자도 어느 날 누군가의 먹이가 된다

삼층탑이 위태롭다

실바람에 탑이 흔들린다

보릿고개 넘은 일층 할아버지
개발시대 중진국에 사는 이층 어머니
설익은 선진국 사는 삼층 아이들
너무 색깔이 다른 삼층탑이 위태롭다

계층 간 사다리 없는
층간 소음이 갈등을 부추기고
흔들리는 탑은 중심 잡기 너무 버겁다

절약이 미덕인 시대에
가장 못사는 나라 경제발전 이룬 할아버지
소비가 미덕인 시대에 태어난
가난이 뭔 줄 모르는 이층 어머니
스마트 폰 게임에 빠져 사는
너무 똑똑한 삼층 어린 손자 손녀들

삼층 아이들 눈에는
일층 할아버지는 아는 것 없는

돈 많은 꼰대로 보이고
일층 할아버지 눈에는 삼층 아이들이
온상의 채소처럼 연약해 보인다

계층 간 벽이 너무 두껍다
삼층탑이 위태롭다

두 얼굴

한강의 기적을 이룬 지도자의 업적
빛과 어둠으로 극명하게 대립하는 대통령이 있다

1961년 대한민국 1인당 GDP는
꼴찌에 가까운 세계 100위

오천 년 동안 배불리 먹어본 적 없는
가난한 나라의 보릿고개
가난 구제는 나랏님도 못한다는데

신품종 육성에 성공
낟알이 넘치는 통일벼를 심고
세 끼 밥을 먹고 수출도 하게 되었다

경부고속도로와 포항제철 세우고
보세무역 강화하여 수출을 늘리고
자동차 조선업으로 인도양 대서양 태평양을 품었다

중동에는 건설 붐을
독일에는 간호사 광부를 파견하여

외화를 벌어들여 나라발전의 초석을 닦았다

독재자라는 이유로
세계 10대 경제대국을 만든 업적은 어디로 갔을까

가족사랑

육십 중반 고 씨 할머니
간경변증으로 십여 년 앓았다

더는 손쓸 수 없어
남편이 간을 내어놓지만
고령에 간도 부실해 퇴짜를 맞았다

사십 대 효자 아들도
어릴 적 병치레한 간이 안 좋아 거절당한다

아내를 엄마를 살려야 한다는
간절함이 하얀 가운을 붙들고 늘어진다
정성이 통했는지 수술이 결정되었다

남편과 아들이 한쪽씩 떼어내
두 쪽을 이식하는 힘든 수술을 받았다

생사를 넘나든 간절한 기도가 하늘에 닿았는지
더디게 조금씩 회복되어 간다

수술 후유증으로 어눌한 말 대신
하얀 종이에 쓴

아들 고마워
당신 사랑해요

온 가족이 울컥 눈물에 젖는다

시절 인연

중앙지 문화면에 실린
어느 스님의 짧은 글이 눈에 들어온다

팔만사천법문 달달 외우는 것보다
자기 마음 하나 다스리는 것이 더 중요하다는

임종 직전 칸트는
사랑했던 여인과 심혈을 기울여 쓴
책 몇 권이 생각난다며 떠나갔다

퇴직 무렵 만난 짧은 두 글귀는
남은 내 인생의 터닝 포인트가 되었다

고희에 등단한 나는
칠보산 오르며 마음을 다스리고
매년 오두막 같은 허술한 시집을 짓는다

아무리 애를 써도
때가 되고 인연이 닿아야 만남은 이루어지는데

사람이든 재물이든
내 손안에
영원히 머무는 것은 아무것도 없다

무너져버린 윤리 도덕

열 명중 일곱 명은
정직하면 바보 되는 사회라고 믿는다

도적의 수괴 도척은 천수를 누렸고
충절의 아이콘 백이와 숙제는 굶어 죽었다

착하게 살면 복을 받고
악하게 살면 천벌을 받는다는
권선징악은 과연 존재하는 것일까

비정상이 정상을 이기는
비현실적인 사건들

전세사기꾼 세입자 울리고
철근도 안 넣어 아파트를 짓고
주가 조작해 서민의 지갑을 털어간다

아내를 남편을 어머니 아버지를 죽이는
돈이 우선인 세상

사라진 밥상머리 교육
무너진 윤리 도덕이 원인은 아닐까

할머니 무릎 베고 누워 듣던 도깨비 얘기가 그립다

신은 죽었다*

"그대는 의욕 하는 바를 행하라
그보다 먼저 의욕 하는 자가 되어라"

그는 선구자였다
20세기 유럽 지식인들에게 많은 영향을 주었던

겨울에 냉방에서 자고
하루걸러 찾아오는 위경련은
와인 한잔 담배 한 모금 넘기기 힘들었다

시력은 맹인에 가깝고 두통 고열
정신착란에 시달리다 차디찬 다락방에서 죽었다

위대한 철학서
'차라투스트라는 이렇게 말했다'
겨우 일곱 부 팔렸다

강렬한 고난, 완벽한 고통
운명의 망치가 그를 때리면 때릴수록
생사의 순간을 넘나든

강건한 의지는 맑은 울림으로 퍼져나갔다

*프리드리히 니체의 저서.

풍연심風憐心*

전설의 동물 외발이 기麒는
발이 100여개 달린 지네를 부러워한다

지네는 발도 없이 달리는 뱀을
뱀은 아무데나 달려가는 바람을 부러워한다

바람은 멀리 바라보는 눈을
눈은 앉아서 천리를 보는 마음을 부러워한다

가난한 사람은 부자를
부자는 권력을 부러워한다

내가 갖지 못한 것에 대한
내 것이 가장 아름다운 것을 모르는 부러움

돌고 돌아 모든 것들은 서로를 부러워한다

소중한 것은 바로 자신인데

남의 것을 부러워하고

자신을 자책하는 마음이 불행의 시작이다

*바람은 마음을 부러워한다.(장자의 추수편)

잘 죽는 것

칠십 중반 김 할아버지는
시한부 판정을 받았다

당황할 법도 한데
아내 위해 작은 집으로 바꾸고
남은 돈은 자식들에게 똑같이 나눠준다

요양병원은 직접 예약하고
자식 불편하지 않도록 연명치료도 거부했다

장례는 조용히 치르라 하고
제사는 지내지 말고 아빠 생각나면
하늘을 한번 봐라 아빠가 기도하고 있을 테니

너희들 살기도 힘들 텐데
병원비 장례비용은 마련해 두었으니
시간 날 때마다 가끔 얼굴을 보여주면 된다

영상편지도 남겼다
너희들이 있어서 한세상 잘 살다 간다

고맙고 감사하다 정말 행복했다

참 멋진 죽음이다

나의 시밭

넓은 땅을 가진 이도 있고
서너 평 텃밭을 가진 사람도 있다

비료 주고 농약도 치고
상품 가치 올려 파는 이도 있고

유기농 자연농법을 고집해
새와 벌레와 나눠 먹는 사람도 있다

나의 텃밭에는
벌레 먹은 못난이 시도 있다

보통사람들이 읽는
생활일기 같은 시가 싹트기도 한다

벌레도 새도 다녀가는
나의 작은 텃밭

그래서 마음이 놓인다

여름의 끝자락

88년 만의 가을 열대야
가을이 기를 못 편다

입추 한참 지났는데
아직도 열대야가 밤을 뒤덮고
가을을 놓친 밤송이는 설익었다

가을 소나기가
하루에 한두 번 다녀가고
풍년을 바라는 농부 가슴을 태운다

경계선을 넘어
느릿느릿 걸어오는 가을이
여름의 눈치를 살핀다

아들 타령

보릿고개 넘는 달구지
앞에서 끌고 뒤에서 밀지만
헛바퀴만 돌뿐
좀처럼 가난에서 벗어나지 못했다

입 하나 덜기 위해
먼 타지로 어린 딸을 애보기로 보내고
식모살이 보내던 시절

팔남매 장남은
딸 둘을 낳고 서둘러 문을 닫았다

양자를 들여라
아들 하나 더 낳아라
대를 이어야 하는 책임은 잠을 뒤척거렸다

아들 타령에
압박감은 눈덩이처럼 불어났지만
끝내 흔들리지 않았다

반세기만에 폐기된
남아 선호사상

잘 자라준 두 딸이 안겨준 행복에
도낏자루 썩는 줄 모른다

남는 장사

울며 이 세상에 왔지만
웃으며 떠날 수 있으면 절반은 성공이다

떠날 때
써먹으려고 자주 미소를 배운다

모나리자처럼
아름다운 미소는 편안한 마음에서 우러나온다

울고 싶을 때도 마음을 바꾸고
웃음을 실천한다

울며 세상에 온 몸뚱이
환하게 웃으며 떠날 수 있다면
남는 장사 아닌가

내 안의 가시

질투는 남을 찌르고
자신을 찔러 피를 흘리기도 한다

조선 성종의 두 번째 윤씨
투기와 저주가 후궁의 가슴을 찔렀다
그후 폐비가 되었다가
사약을 받았다

아들 연산에 옮겨 자란 가시
분노와 원망이
아들을 죽이고 죄 없는 수많은 사람을 죽였다

사촌이 논을 샀는지 살살 배가 아프다

내 안에도 가시가 자라고 있다

빈자리

오십 초반 김 씨가 죽었다

악취는 진동하고
빈 술병은 어지러이 나뒹굴고
때 묻은 동전은 이리저리 굴러다닌다

소독약을 뿌리고
빈병 치우고 유품 정리하며
때 절은 동전을 닦고 있는데

꼬부라진 할머니가 문을 열고
그 동전 저 주세요
그거 없으면 굶어 죽어요

기초생활수급비 빼앗은
아들 목숨은 술이 연명하고
늙은 엄마는 아들에게 맞으며 목숨을 이어갔다

매를 피해 나갔다가
아들이 잠들면 몰래 들어온 할머니

애비 없다 손가락질 받을까
금이야 옥이야 기른 외아들

빈자리가 슬프지만은 않다

좋았던 기억은 없었을까

일찍 하늘로 간 남편 대신
가난한 엄마는 삼형제를 정성껏 키웠다

큰아들 내외는 미국에 살고
막내는 장가가서 손자도 보았다
결혼 실패한 둘째 눈에 밟힌 엄마는
작은집을 둘째에게 주고 함께 산다

벌이가 시원찮은 둘째는
엄마 병원비 생활비 감당에 허리가 휘지만
먼 산 바라보듯 하는 형제들이 야속하다

암으로 고생하다 돌아가신
어머니 장례식에 얼굴도 내밀지 않고
부조금 한 푼 내지 않은 형제

하늘 아래 혼자인 둘째는 마음의 병으로
시름시름 앓다가 세상을 떠났다

한 달 만에 발견된 죽음
형은 외국에 나가 연락 없고
귀찮은 듯 막내 얼굴이 일그러진다

남보다 못한 사이, 좋은 기억은 없었을까

행복과 행운의 거리는

행복은 가슴 안에
행운은 가슴 바깥에 있다

손안의 행복은 모르고
평생 올까 말까 하는
행운을 잡으러
사방을 쏘다니며
허공에 사다리 걸어놓고
수없이 오르고 미끄러진다

늘 곁에 있는 행복
사랑을 주고 어루만져주면
비 온 뒤 죽순처럼 쑥쑥 자라는데
행운만 찾다 보면
행복은 가을 낙엽처럼 시든다

나폴레옹은 행복한 날은
평생에 6일 밖에 없었다 하고

헬렌 켈러는 행복하지 않은 날은
일생에 단 하루도 없었다고 한다

행복과 행운의 거리는
마음 안과 마음 바깥의 차이다

제2부

작은 일이 큰일이다

화장실에 앉아 한참을
씨름하면 힘이 빠진다

힘쓰다 죽은 사람도 많다는데

잘 먹고 잘 싸는 일이
이렇게 소중한 일이었다

잘 자고 일어나
두 발로 걸을 수 있는 평범한 일상이
얼마나 중요한 일인지 잊고 살았다

치료받고
산 오르며 열심히 운동을 한다

남은 생
고장 난 몸 달래며 살아야 한다

이렇게 단순한 작은 일들이
큰일이라는 걸
칠순을 넘어 깨닫는다

쓸쓸한 장례식

가시는 길
술 한 잔 올립니다

아쉬운 마음 내려놓고 편히 가십시오

거둬줄 가족이 없어
일면식도 없는 자원봉사자가
마지막 길을 배웅한다

연고자 없는 죽음은
해마다 조금씩 늘어난다
지난해는 하루에 네 명이나 하늘나라로 떠났다

두렵고 무서운 길
아들딸 손자 배웅에
웃으며 떠나가면 얼마나 좋을까

이유 없는 무덤 없고
사연 없는 죽음 없다지만
얼마나 삶이 고단했으면 혼자 떠날까

친한 친구 한 명만 있어도
성공한 삶이라는데

외롭고 먼길을 왜 혼자 갈 수 밖에 없었을까

아내의 불면증

친정엄마 유전자 닮았다
어두워지면 눈이 반짝이는 것은

고샅에 널린 별 소쿠리에 담고
눈이 말똥거렸다
새벽닭 울면 눈꺼풀이 풀리고
굴뚝엔 아침 연기가 피지 않았다

아내와 세 남동생은
아침을 굶고 학교에 갔다
면에 근무하는 아빠는
새벽별 보며 출장 가고

아침 조회 시간에
여러 번 쓰러졌다는 아내는
두 딸에게는 아침은 꼭 챙겨 먹였다

아내 나이 칠순
예순아홉에 돌아가신 장모님
엄마만큼만 산다던 아내는

이제 엄마 나이를 넘어섰다

불면증에 좋다는 음식도 약도
이것저것 써보지만 효과는 없다

오늘도 아내의 밤은 또 얼마나 길어질까

시월의 하얀 나비

가을걷이 한창인 시월 중순 무렵
철 지난 블루베리 농막에
하얀 나비 한 마리가 찾아왔다

어디쯤 헤매다 길을 잃었을까
초가을 열대야에 한눈팔았을까

농막 안을 대여섯 번 돌고
뭔가 이상하다는 듯
날개 좌우로 흔드는 불안이 역력하다

문밖으로 나갔다가
찬바람에 밀려 안으로 들어오기를
반복한다, 묘수가 떠오르지 않는 모양이다

농막이 포근하다 해도
나비는 며칠이나 버틸 수 있을까

막걸리 잔을 기울이는
칠십 중반 세 촌로들
나비를 바라보며 무슨 생각을 하고 있을까

가을 편지

남쪽 바닷가
경부선 호남선 타고 올라온 봄이
어느새 소슬한 바람을 몰고
골짜기 물소리
능선 바람소리 귀 기울이며
가지마다 주렁주렁 열리고 있어요

남으로 남으로
단풍은 빠르게
속도를 내고 달려와요

울긋불긋 아름다운 날은
우리 인생처럼 너무 짧아요

서리 내리고
눈보라 날리면
훌훌 털고 떠나야 해요

겨울이 오기 전에
가을의 편지를 다 읽어보세요

고창 덕정리 제내마을

이 세상 떠나기 전
꼭 한번 가보고 싶은
어머니 품속 같은 포근한 동네

늘 가슴 한쪽
똬리 틀고 있는 유년의 파편들

고사리손 긴 대나무 끌고
구름 잡으러 다니던 이랑산은 그대로인데

동네 공동우물
멱 감고 가물치 메기 붕어 잡던 방죽
오가던 고샅
마을 수호신 당산나무
군솔 밭 공놀이 아이들은 어디로 갔을까

이십여 초가지붕은 간데없고
개량한 정자 홀로
지나가는 바람을 붙든다

*전북 고창군 고창읍 덕정리 제내마을.

구시포*의 가을

철 지난 해수욕장
그 많던 인파는 간곳없고
피서객이 흘린 발자국 지우는
파도 얼굴이 수척하다

아내 고향 친구와 찾아온 구시포
어젯밤 다녀간 비가
싸리비로 밤새 쓸었는지
회색빛 하늘이 바다처럼 새파랗다

갈매기 저공비행을 바라보며
꿈틀대는 바다를 끌어와
지글지글 끓는 불판에 올려놓는다

해리면에서 그리 멀지 않은 곳
아내와의 추억이 맛있게 익어간다

파도가 밀려오는 구시포
또 하나의 추억이 기록되고 있다

*전북 고창군 상하면 구시포해수욕장.

마지막 이별 여행

40년 경력 운전대를 놓는다

빗줄기 쏟아진 지난여름
한번만 더 가자고 졸라대서
김제 부안 고창 영광을 돌아왔다

내 감정을 이해하던 차가운 쇳덩이
숨이 달아오르도록 달리던 현대 투산
최소한 예를 갖추어야 한다

오랫동안 헌신한 마지막 이별은
경건하고 따뜻한 이별이어야 한다

도로를 힘차게 달리던 네 바퀴는
15년 나의 발이었다

이별 후의 서운함과 불편함은 또 어떻게 견뎌낼까

마지막 이별을 위한 사전 예행연습을 마쳤다

마당은 따뜻했다

마당은 집에 딸린 식구
새벽에 일어나면 마당부터 쓸었다

집집마다
대여섯 평에서 백여 평까지
마당이 크면 클수록 가진 게 많았다

옛적에는 혼례도 치렀고
자치기와 제기차던 아이들 놀이터
벼 보리 농작물을 타작하는 일터였다

별이 쏟아지는 저녁에는
삼대가 멍석을 깔고 앉아
모깃불에 감자 구워 먹으며
도깨비 이야기에 밤이 깊은 줄도 몰랐다

무명 머릿수건 두른
엄마가 콩대 수북이 쌓아놓고
막대기를 두들겨 콩을 터는데
강아지가 흰 고무신을 물고 달아나던 그 마당

온 가족이 둘러앉은 옛집 마당
언제부턴가 그 따뜻한 마당이 사라졌다

시집이란 집

시집은 마음을 담는 집이다

동그라미 네모 세모
아지랑이 뜬구름 같은 시를 담는다

칠순에 등단하여
매년 오두막 같은 시집을
일곱 채나 지었지만
여전히 집 짓기는 어렵다

도자기를 빚는 도공처럼
정성을 들여도 욕심이 넘치면
시는 집이 되지 않는다

오늘도 새벽 칠보산을 올라
마음을 비워도
시는 쉽게 곁을 주지 않는다

시 쓰는 일은 먼저
마음을 다스리는 일이다

편안한 바닥

늦가을 거꾸로 매달린
노란 잎새 하나
지나가는 바람에 떨고 있다

앙상한 가지에 매달려
간당간당한 이파리
남아있는 지난여름을 붙들고 늘어진다

어디선가
들릴 듯 말 듯 아련한
엄마 목소리

놓아라, 놓아버려라
그것만이 살 길이다

뒤늦게 어미의 손을 놓고
차가운 바닥에 가볍게 내려앉은 낙엽 하나

바닥이 참 편안하다

만추

무더운 가을이 몸살을 앓고
잎새는 날마다 시들어간다

십일월이 문을 열고
겨울을 재촉하는 늦가을비가
오락가락 이틀째
팔순 비구니스님은 가슴이 먹먹하다

등산로를 비껴선 법당
설익은 낙엽들
비 젖은 낙엽들이 모여들어
노스님의 힘없는 빗자루에 쓸려간다

추워진다는 소식에
하늘이 파랗게 어깨를 열고

발목까지 차오르는 낙엽
한 발 한 발 내딛는 발소리
산사 종소리 어우러져 가을이 익어간다

칠보사 지붕위로
만추가 비처럼 내린다

허수아비

가을걷이 끝난 들녘
파란 하늘 나른한 허수아비
참새 고추잠자리 재롱엔 관심이 없다

가짜가 판치는 세상
참새 속인 게 무슨 큰 잘못이냐고
얼굴색 한번 변하지 않는 허수아비

영혼 없는 허수아비들
남과 북, 지역 갈등, 좌우 이념으로
옳고 그름은 뒷전
자기편 이익을 위해 피 터지게 싸운다

허수아비야 그렇다 쳐도
뜨거운 심장을 가진 사람들이
영혼 없는 허수아비처럼
길길이 날뛰는 모습에 하늘이 멍들어 간다

눈과 귀를 바짝 세운 참새들
더 이상 허수아비 속임수에 넘어가지 않는다

신의 법칙

세상에 혼자 왔듯이
떠날 때도 혼자서 간다

못쓰게 된 몸뚱이는
폐차된 자동차처럼 버리면 되지만
반드시 빈손으로 가야 한다

몸은 이 땅에 버려두고
재산 명예 권력도
눈에 넣어 아프지 않은 자식도 함께 갈 수 없다

빈 들녘 허수아비처럼
지상에서 할 일을 마치면
문틈으로 들어오는 바람처럼
파고 드는 죽음

가을 재촉하는 영하의 날씨
수많은 나무들 하나둘 옷을 벗어
자연의 순리에 복종한다
고독한 계절의 문으로 입장한다

작은 꿈이 익어간다

가난이 전부인 나는
꿈이 무엇인지 모르고 자랐다
고교 진학을 포기하고
공장에서 비료 값을 벌었다

군 제대하고 시작한 말단공무원
쥐꼬리 월급 단칸방에 시작한 살림살이

새벽별 보며 출근하고
저녁별 지고 퇴근하는 고된 직장생활
작은 꿈조차 꾸어볼 여력이 없었다

퇴직하고
머리 희끗희끗한 나이
과연 이런 삶이 전부일까
안타까움에 문화센터 문을 두드린다

칠순에 시를 만난 늦깎이
매년 시집 일곱 채를 지어 다주택자가 되었다

좋은 서까래 골라
팔순에 지을 열 번째 시집
전국도서관에 보낼 꿈이 익어가고 있다

이상향 이어도

최남단 속여*는
용궁으로 떠나는 나루터였다

제주 남단 마라도 서남쪽 149km
여도, 초도, 소코트라 록, 파랑도, 이어도

동서로 1.4km 남북으로 1.8km
제일 높은 곳의 수심은 4.6m

파도가 사나우면
어쩌다 얼굴을 한번 내미는 속여
그물질 나간 어부, 물질 나간 해녀가
돌아오지 않으면 여섬에 들러 용궁으로 간줄 알았다

여섬을 본 사람 아무도 없다
머나먼 남쪽 바닷물고기의 놀이터
수천 년 외로운 어둠을 먹고 살았다

속여 이어도
저쪽 언덕이었던 여섬을

우리 영토로 만든 것은 과학자들이다

망망대해 속여에
해양과학기지 만들고 태극기를 꽂았다

이어도가 한반도 뜨거운 가슴에
희망찬 내일의 부푼 꿈을 불어넣고 있다

*썰물 때도 드러나지 않는 바위.

제2의 심장

바닥이라고
함부로 말하지 마세요

또 하나의 작은 심장이에요
심장과 소통하면서 안전하게 발을 내딛어요

가슴의 큰 심장은
갈비뼈로 촘촘히 감싸고
더위와 추위를 겹겹이 두르고 있어요

몸을 받치고 있는 발바닥은
큰 심장과 연결하는 작은 심장
앞발가락 뒤꿈치 연결하는 아치가 있어요

아름다운 곡선 브릿지는
소중한 발바닥을 포근히 감싸 안고
충격을 덜어주지요
돌부리 끌텅에 넘어지지 않도록
철근을 많이 넣어 아치형으로 만들었어요

씻어주고 마사지 해주고 어루만지면
다시 먼 길을 걸을 수 있어요

제3부

새해 첫 일출

눈 덮인 왕송호수
청용이 붉은 여의주를 물고 떠오른다

첫 일출을 맞이하는
수많은 사람들 탄성에 새아침이 밝았다

풍악소리 어둠을 깨우고
의왕 수원 안산 군포에서 온 사람들
솟아오르는 해를 바라보며 소원을 빈다

왕송호수 둘레길 삼삼오오
의왕 봉사단체가 마련한 김이 나는 떡국
수백m 줄을 서서 기다리는 아침
감사하는 마음으로 새해 첫 식사를 했다

어젯밤 눈발이 다녀간 의왕 왕송호수
지척에 있는 둘레길 돌면 마음이 따뜻해진다

노비의 이름

암캐는 조선의 여자 노비 이름

곱단이 넙덕이 작은년 어린년
개똥이 말똥이 소똥이 뒷간이 거시기
돌쇠 마당쇠 방자 삼월이 사월이 끝동이 막동이
빗자루 소코리 화덕이 더부사리
도야지 강아지 송아지 두꺼비
개부리 개노미 개조지 소부리 담사리

조선 노비들은
차마 이름이라 부르기 민망한
금수보다 못한 이름을 달고 살았다

어느 정치인이 북 콘서트에서
암컷이 설쳐 나라가 망한다고 했다가
여성 비하 발언으로 뭇매를 맞았다

지금이 조선시대도 아니고
여성을 동물의 암컷에 비유하다니
노비제도의 망령이 살아나는 것은 아닌지

이름은 인격의 집이다
이름이 아닌 이름을 달고 살았던 수많은 노비들

이제 노비는 사라지고
어디에도 아픈 이름은 없다

인생은 예금통장

잔고 없는 통장은 휴지 조각이다

곳간에 쌓아놓은 곶감도
수시로 빼먹으면 없어지듯

하늘이 주신 날을
예금통장에 쌓아놓고
하루하루 곶감 빼먹듯 찾아 쓰는 사람들

나고 죽는 일은 신의 영역
늘리고 줄이는 것은 마음대로 할 수 없지만
씀씀이 줄이고 통장관리 잘하면
여유롭게 신이 주신 날을 살아갈 수 있다

신은 누구에게나
살날을 똑같이 통장에 넣어주지만
한 번에 다 빼 쓴 사람도 있고
이자 불려가며 잘 관리하는 사람도 있다

예금통장은 자기 하기 나름
휴지가 되기도 보물창고가 되기도 한다

더는 구할 것이 없다

안성 칠장사 요사채
자승스님이 소신공양을 했다

찬바람 기웃한 11월 끝 무렵
조계종 총무원장을 두 번이나 지낸
큰 스님이 무엇 때문에 몸을 불 태웠을까

생사가 없다는데
생사 없는 곳이 없구나
더는 구할 것이 없으니 인연을 달리할 뿐

열반송을 들으며
깨달은 선지식처럼 들리는데
왠지 가슴 한구석이 허전한 연유는 무엇일까

구도자의 큰 지식을
세상에 나누어주고 가면
어지러운 세상이 조금은 밝아질 수 있을 텐데

혼자만 한 소식하고 떠나버리면
따르던 중생들 허탈함은 어떻게 달랠까

산은 산이요 물은 물이다
큰 감동 주고 떠난 성철 큰스님
말씀이 큰 울림으로 다가온 까닭은 무엇일까

비 광光 이야기

광 셋이 모이면 3점으로 난다
삼 광에 비 광이 끼면 2점으로 날 수가 없다
광이면서 광 대접 못 받는 계륵 같은

화투 속 우산 든 남자는
덕망 높은 일본 최고 서예가 오노도후

푸른 꿈 안고 산에 들어가
열심히 공부한 십 년 점검을 받는데
스승의 인가를 받지 못해 크게 낙담을 한다

자책감에 스승을 하직하고
쏟아지는 빗길 우산 쓰고 내려오는데
떠내려가던 개구리 나무끌팅 붙잡고
늘어진 버들가지 오르려 안간힘을 쓴다

호기심이
불가능한 개구리 노력을 삼십여 분 지켜보는데

한 시간쯤 지날 무렵 기적이 일어났다
갑자기 회오리바람이 일더니
버들가지가 20cm 앞까지 내려오자
재빨리 튀어 올라 나뭇가지를 붙잡는 개구리

포기하지 않는 개구리를 보면서
다시 산으로 발길 돌린 오노도후
끝내 일본 최고 서예가가 되었다

왕송호수

한 폭의 동양화 같은
하얀 호수에 함박눈이 내린다

헐벗은 나뭇가지
서너 장 낡은 이파리처럼
끝자락에 매달린 십이월을 가슴에 담는다

십이월 스무날
칼바람 등에 업은 눈발이
어지러운 세상 덮으려는 듯
소복소복 들녘을 포근하게 감싼다

올들어 가장 추운 일기예보는 관심 없다는 듯
물오리들 옹기종기
가장자리 논병아리 부들 사이
허기 채우느라 물 갈퀴질 분주하다

탐스런 눈송이들이
나무 풍차 까치집 들녘을 감싸고
거울 같은 호수에 풍덩 낙하하기도 한다

왕송호수에 함박눈이 내린다
한 해를 마무리하는 내 가슴에도 하얀 눈이 내린다

나무들의 겨울나기

옛 성황당 가는 길
헐벗은 느티나무 한 그루

십일월 끝자락에
빈 걸망 매고 가는 저 수행자
버리고 비우며 겨울의 강을 건넌다

세찬 눈보라 몰아쳐도
손가락만 쥐었다 폈다
얼굴색 한번 변하지 않는다

여름 한철 그늘 팔은 푼돈
땅속 아궁이 가마솥 걸어놓고
우듬지 초리에 동상 걸리지 않도록
따뜻한 물을 쉼 없이 퍼 올린다

긴 겨울의 강은
겹겹 껴입은 옷 하나둘 벗고
허리를 꼿꼿이 세워 당당히 맞선다

일제히 겨울 강을 건너는 나무들

강 너머 기다리는 봄이 있어
한파도 견딘다

임대 기간

임대 기간이 끝나면
버리고 갈 몸뚱이
이 세상에 세든 동안
안 아프고 떠나면 얼마나 좋을까

보이는 것들이
보이지 않는 것들에 잡혀 먹히는 세상
서너 명 중에 한 명은 암에 걸리고
전염병 희귀병에 많은 이들 고통스럽다

팔십을 바라보는 나이
몸에 칼 한번 댄 적 없고
병원에 숙박비 한번 낸 적 없지만
훌쩍 가버린 세월에는 아무런 대책이 없다

낡은 자동차처럼
덜커덩 삐걱거리는 몸뚱이
이곳저곳 손볼 데가 한두 곳이 아니다

언제 떠나도
아쉬움 없는 나이지만 고통 없이
잠자듯 떠날 수 있으면 얼마나 좋을까

오늘도 새벽 칠보산 오르며
두 손 모은다, 잠자듯 가는 복 하나 주시라고

좌천은 쉼표다

현대판 귀양살이는
한 템포 쉬어가는 쉼표이다

어느 고위공직자는 18개월 동안
부산 일산 진천 용인 네 번 밀려다녔고
진천 생활은 화양연화였다고 스스로 위로한다

전남 강진에 유배를 간 다산은
십팔 년 긴 세월 책에 혼을 불어넣고

제주 대정마을로 귀양 간 김정희는
세찬 칼바람에 붓을 갈아 추사체를 완성했다

아이젠하워는 이십여 년을
맥아더장군 밑에서 한직을 떠돌다
전술을 연마하고 노르망디상륙작전을 성공하고
미국 34대 대통령에 오른다

나도 전임 시장에 협조했다는 오해로
시흥시 화성시를 거쳐야 갈 수 있는

37km 먼 섬 대부도에 좌천되었다

좌천은 삶을 되돌아보고 재충전하는 쉼표였다

로미오와 줄리엣

기생 김영환은
영어선생인 백석*과 사랑을 나누며
백년해로를 약속한다

갈수록 깊어 가는 사랑
기생 며느리를 받아들이는 부모는 없다
백석은 다른 여자와 강제 결혼하고
첫날밤을 김영환과 보낸 뒤 만주로 떠난다
반드시 찾아오라며 약속하고

날마다 눈물로 임을 그리며
마음은 만주로 달려가지만
갈등은 제자리를 맴돈다
6.25 전쟁이 발발하고
피난 행렬은 남으로 밀려가는데
자야**도 피난 행렬에 무거운 몸을 싣는다

어렵게 터 잡은 서울에서
대원각 큰 요정을 운영
많은 재산을 모은 자야

혈혈단신 후손도 없어
전 재산 천억을 법정 스님에게 시주한다

아깝지 않느냐는 기자 물음에
천억, 그거 백석 시 한줄 값도 안 된다
다시 태어나면 시인으로 살겠다는 자야와 백석은
한국판 로미오와 줄리엣이다

*본명 백기행 일제강점기 북한 시인.
**백석이 김영환을 부르는 애칭.

카르페 디엠*

호스피스 병동에서
인생을 졸업하는 김 할머니는
머리맡에 후회를 남겨두고 떠났다

홀로 사남매를 키우느라
외국은커녕 변변한 국내 여행 한번
못해본 세월을 켜켜이 쌓아두고

생을 마감하는 많은 사람들
세상 헛살았다는 아쉬움을 남기고 떠나간다

자식들 다 키워놓고
돈 벌어 외국여행 간다는 계획을 세웠는데
세월이란 놈은
일분일초도 기다려주지 않았다

지난 과거 연연하지 않고
불확실한 미래에 목 매지 않고
내일이 없는 것처럼 오늘을 살아간다

생각이 나면 안부를
고마운 사람에게 전화를
옛 친구 불러 막걸리 잔을 기울인다

내 옆 내 앞에 있는 사람과
오늘이 마지막인 것처럼 사랑하며 살아간다

*(라틴어) 오늘을 즐겨라, 현재에 충실하라.

쓰레기종량제

삼십여 년 전
90년대 초반 쓰레기로 몸살을 앓을 때

소각장, 매립장 내 지역에 안 된다
님비현상이 도를 넘어 묘안이 궁하던 시절
세계 최초로 쓰레기종량제가 시행됐다

세상의 눈은 부정적이었다
독재국가도 아니고 민주국가에 가능하겠느냐
쓰레기를 버리면서 돈을 내라니 아연실색
공무원들도 서로 기피하는 업무였다

나는 안산시 청소행정을 맡아
6개월도 안 하려는 일을 4년을 하고 반년 더했다

시민을 설득하는 일은 기본
음식물처리장 만들고 봉투 제작하고
플라스틱 3종 세트 만들어 재활용 선별하고
무단투기 단속 등 시책은 우수지자체로 평가받았다

30년이 지난 지금 뒤돌아보면
종량제 성공한 나라는 우리나라가 유일하다
대만이 몇 년 후에 성공하기는 했지만
수많은 선진국들이 우리나라를 배우러 온다

이제 쓰레기를 대폭 줄인 종량제가 뿌리를 내렸다

겨울나무

대한大寒이 모처럼 힘을 냈다

소한小寒 집에서
얼어 죽었던 대한이 옛 모습을 되찾자
당황한 겨울나무가 눈이 휘둥그레졌다

소한 집에 벗어둔 옷 꺼내 입고
손질한 보일러 돌려 물을 데우기 시작한다

올 겨울 들어 가장 추운 대한
북에서 날아온 찬바람 얼굴 붉히고
어깨 비비고 손가락 주물러 추위를 달랜다

어둑한 새벽 오르는 칠보산
나무들은 변함없이 웃으며 나를 반긴다

헐벗은 진달래 어깨 다독이고
튀어나온 소나무 뿌리가 다리를 걸어 인사를 건넨다

나무는 무슨 생각을 할까

이 대한 추위는 무사히 넘을 수 있을까

겨울나무 묵언수행 하듯
겨울의 강을 건넌다
비우고 덜어내는 나무들
무사히 겨울 강을 건너는 비결이다

갈퀴나무

어둑한 새벽 열고 겨울 산을 오른다
눈보라 속 얼음 헤치며
힘겹게 강을 건너는 나룻배처럼
겨울 강을 건넌다

칠보사 내려 걷는 길
발목까지 차오른 낙엽을 밟으며
유년의 추억 한 조각 새벽 달빛에 띄운다

전쟁이 끝날 무렵
많은 산들은 민둥산이었다
드문드문 서성이는 나무들도
영양실조에 걸린 듯 뼈만 앙상했다

책가방 던져놓고
십리 먼 산에 자주 나무하러 갔는데
갈퀴 자국만 바닥에 선명할 뿐
낙엽도 솔방울도 쉽게 구할 수 없었다

집집마다 한두 개씩 있는 아궁이
콩대 보릿대 수숫대 나무를 수없이 삼켰다
구들을 데우고 여물도 끓였다
떨어진 낙엽은 갈퀴가 모두 **빼앗아갔다**

보릿고개 넘던 나무들
대나무갈퀴만 보면 오금이 저렸다

서시序詩를 읽고

죽는 날까지
하늘을 우러러 한 점 부끄럼 없기를*

시인의 신념이다
일제강점기 이천 만 동포에 드리는
뜨거운 절규 절절한 한 맺힌 울림이다

원수의 나라 감옥에서
별을 헤며 조국 해방을 바라던 시인은
꿈에 그리던 광복을 눈앞에 두고 떠나갔다

시인은 죽어도 영원히 산다
조국 해방을 위해 바친 젊은 청춘
삶과 죽음은 하나라는 것을 미리 알았을까

머리 밀고 수행하는 스님들은
생멸이 따로 없고 생사가 따로 없다고 한다

서시를 눈에 담는다
시인이 웃으며 걸어 나온다

덩실덩실 어깨 춤추는 시인의 눈가에
뜨거운 눈물이 흘러내린다

시인은 죽어서 영원히 살고 있다

*윤동주 시인의 「서시」 앞부분 일부.

귀국선

빼앗긴 들에 봄이 왔다

조국엔 태극기 물결
일본 사할린으로 끌려간
수많은 동포 고향 갈 생각에
희망의 눈물은 날밤을 새워 기다렸다

날마다 수천 명씩 실어 나르던 배
해방되고 열흘을 못가 8월 22일 침몰했다

일본 오키나토에서
육천 명을 태우고 부산으로 가던
우키시마호, 고국 땅 밟기 전 마이주루에서
알 수 없는 사건으로 폭침되어
광복의 기쁨을 누리지 못하고 수장되었다

낯선 동토의 땅 사할린
강제 징용 끌려간 수많은 실향민
고향 갈 들뜬 마음 망향의 언덕 올라
오호츠크 바다 칼바람과 싸우다 죽어갔다

하루 이틀 일 년 십년
수십 년을 기다려도 귀국선은 오지 않았다

폭침된 배는 마지막 귀국선이었다

바닥짐

지나치면 가라앉고
모자라면 작은 바람에도 흔들린다

출항할 때 배 바닥에
물이나 모래 물건을 적당히 채워
풍랑에 견딜 만큼
배의 중심을 잡아주는 바닥짐

삶에도
너무 과하면 덜어내고 모자라면 채우고
중심을 잡아주는 바닥짐이 있다

인생 바닥짐은
돌이나 모래를 담을 수 없다
덜어내고 비우며
오뚝이처럼 벌떡벌떡 일어서는 끈기가
바닥짐이다

흔들릴 때 중심을 잡아줄 바닥짐이 있어
인생의 험한 바다를 헤쳐 나간다

제4부

사람 구경

모란시장 바닥에
펼쳐놓은 좌판이 환하게 웃는다

길거리 좌판은
칠십 중반 김 할머니 삶의 기록장

한 평 남짓 좌판에는
복은 땅콩 눈에 조은결명자 헉개나무
몸에 조은 홍학씨 구운구기자 산수유씨

소리 나는 대로 쓴 이름표는
손님을 기다리며 햇볕을 쬐고 있다

약을 밥처럼 달고 사는 김 할머니
눈이 침침하고 무릎 시린 낡은 좌판은
앉아 있기도 힘들지만

이곳에 오면 사람 구경은
실컷 할 수 있다

혼밥

물 말은 밥 깍두기 서너 점
옆구리가 시리고 썰렁하다

아내가 둘째네 간지 사나흘 지났다

냉장고엔 아내 손길 가득하고
김치찌개 무국 된장국 아내 정성 따습다

칠보산 다녀와 가볍게 아침 들고
탁구장에서 땀 흘리고 집에 돌아왔다

아내가 차려준 세끼 밥
고마운 줄 모르고 꼬박꼬박 받아먹다가
혼자 먹을 땐 늘 대충대충
점심상을 차린다

시금치 냉이 무말랭이 멸치볶음 파김치
돼지고기볶음 꺼내놓고
된장국도 식탁에 데워놓는다

눈발 날리는 문틈 사이로
기웃거리는 찬바람과 식탁에 마주앉았다

미안하다 무심했다
오랫동안 불평 한마디 없는
몸에게 따끈하게 데운 청주 한 잔 올린다

내 인생은 큰 선물입니다

61번째 공연을
끝으로 인생 1막은 커튼이 내렸다

대본도 연습도 없는
연기는 허술하기 그지없지만
나름 애쓰는 모습이 가상하여
스스로 낙제를 면하는 점수를 준다

안산시립합창단 시립국악단과
함께 연주한 이별 공연도 모두 끝났다

어떻게 살았는지 아등바등
어느새 1막은 바람처럼 지나가 버리고
서산에 걸린 노을처럼 붉은 2막이 시작됐다

실수하지 않으려
수없이 1막을 피드백 하는데
다행히 매달 항아리에서 쌀은 조금 나온다

어느 날 선물처럼 다가온 시
굳어버린 머리로 수없이 읽고 써
희끗희끗한 칠순에 등단 첫 시집을 지었다

날마다 한두 줄 1주일에 한두 편
매년 여덟 채를 지었다

종영할 날이 서서히 다가온다
한두 줄 시 쓰는 하루하루가 행운의 선물이다

설해목雪害木

우수雨水에
한 이틀 다녀간 비 들녘이 흠뻑 젖었다

겨우내 움츠렸던 나무들
어깨를 펴고 갈증 난 고라니처럼
물을 들이켜고 묵은 때를 하나하나 벗겨낸다

하루건너 바뀌는 날씨
갑자기 들이닥친 겨울의 시샘에
폭격처럼 눈송이들이 쏟아진다

당황스런 나무들
풀린 마음을 추스르고 다시 긴장한다

모두 비운 참나무 상수리나무는
쉼 없이 내리는 눈송이를 잘 피하는데
잎 무성한 소나무는 눈을 노적봉처럼 쌓는다

칠보산 능선 정자 옆
늘 푸른 소나무들

새털처럼 가벼운 눈송이에
당당하던 팔이 잘려나갔다

남편 아닌 내 편을

당수리에 사는
칠십 중반 최노인
아내와 이른 새벽 칠보산을 오른다

산등성이 두어 개 넘을 무렵
저쪽 골짜기서 새 우는 소리가 들린다

여보, 까치 소리에요
아니야, 저건 까마귀 소리야
까치에요 틀림없어요
아니라니까!
봐요, 까치소리 맞잖아요
남편이 버럭 화를 낸다

분명 까치가 맞는데
아내 눈에 눈물이 고인다

아내는 쌀을 보리, 콩을 팥이라 해도
믿어줄 남편 아닌 내 편을 바라는 건 아닐까

요즘 부쩍 눈물이 많아진 아내
손잡고 나무뿌리에 넘어질라 조심조심 내려온다

까치면 어떻고 까마귀면 어떤가

미니 도서관

당수동 인정아파트 정문 앞에는
십여 년째 다니는 단골 미용실이 있다

원장이 한 번 바뀌었는데
전 원장은 동네 사랑방 같은 쉼터였고
지금 원장은 너무 고요해 적막이 흐른다

이발요금도 깎아주고
머리도 깔끔하게 잘 다듬어
시집 한 권을 선물로 드렸다

전 원장 두 권, 현 원장은 네 권
전 원장이 떠나면서 시집을 두고 가
여섯 권이 책장에 나란히 꽂혀 있다

조용한 미장원은
기다리는 시간은 지루한데
시끄럽지 않아서 책 읽기 딱 좋다
책장에서 꺼내 읽기도 하고
집에 가서 읽고 다시 가져다 놓는다

원장이 관장인 미니 도서관은
올해도 어김없이 신간을 기다리고 있다

진달래의 강

3월 끝자락에 걸린
칠보산 진달래 하나둘 얼굴 내민다

한 보름 반짝 절정인 진달래
혹독한 겨울의 강을 건너는데

동장군 시샘이
아침저녁 계절을 뒤엎고 있다

산등성이 골짜기마다
밤낮없이 수를 놓고
헐벗은 칠보산을 빨갛게 채색한 진달래

한바탕 축제가 끝나면
관심 밖으로 밀려난다

겨울에 밀리고 여름에 채이고
진달래의 봄은 갈수록 짧아지고 있다

지역 갈등

새벽 칠보산 오르면
노부부를 만난다

해인사 합천 총각은
영광 굴비 아가씨를 만나
어려운 형편에도 가정을 이루고
인생 2막은 칠보산 자락에 둥지를 틀었다

오누이 같은 얼굴 싱글벙글
살면서 티격태격 한 적 없다는 부부

수천 년 이어온 동과 서의 갈등은
보이지 않는다

지천에 핀 진달래
매화 개나리 산수유 생강나무 목련도
모두 한마음으로 활짝 웃는다

산에 오를 때마다 만나는
다정스런 노부부
지역 감정은 어디에도 없다

벚꽃이 지다

흐드러진 벚꽃이 떠나면서
후배를 데리고 갔다

무거운 짐 내려놓고
탁구와 기타연주 사진작가로
인생 2막을 꽃피울 무렵
시샘하듯 파킨슨병이 허리를 감았다

함께 탁구를 치며
용기와 위로를 건네주었는데
엇나가는 탁구공이 안타까웠다

벚꽃 필 무렵
의식을 잃어 생사의 고비를 넘나드는데

야속한 시간이 달려와
남은 꽃잎을 하나둘 털어냈다

벚꽃은 다시 오지만
봄을 따라간 후배는 만날 기약이 없다

생울타리

허기진 하굣길
십리 먼길은 걷고 걸어도 멀리 있었다

마을 모퉁이
담장 너머 탐스러운 사과가 눈을 붙드는데
속마음을 아는지 탱자울타리가 가로막는다

탱자나무 울타리 너머
붉은 사과는 눈이 배부르게 먹고
누렇게 익은 탱자 두 알을
가시에 찔려가며 주머니에 넣었다

가시가 없는
개나리 쥐똥나무 사철나무 싸리울타리는
엄마 품처럼 포근하다

우리 팔남매를 알뜰히 보듬은
엄마는 생울타리였다

부모님 산소 가는 날

부모님은 반월호수 옆
공원묘원에 잠들어 계신다

자동차로 십오 분 거리
집에서 가까운데도
바쁘다는 핑계로
성묘 때나 찾아가는 게 고작이었다

오월 초순
막걸리 한 병
사과 한 개 들고 집을 나섰다

당수동에서 11번 버스로 10분
구 반월에서 반월호수 지나 산소까지
추억을 되새기며 40분을 걸었다

막걸리 한 잔에 큰절 올리고
가위로 머리를 깔끔하게 깎아드렸다
돌아서는 발걸음도 한결 가벼웠다

며칠 지나면 어버이날
몸은 고단했지만 마음은 편안했다

이모를 선물하다

어머닌 오남매였다
이모가 둘, 외삼촌이 둘

큰 삼촌은 윗마을에 살았고
큰이모는 읍내에
작은 이모는 옆 마을에
작은 삼촌은 한동네에 살았다

이모 집에 놀러 가면
이모는 늘 엄마처럼
먹을 것도 주고 따뜻하게 손도 잡아주었다

지금은 자식을 하나둘만 낳아
이모도 없고 삼촌이 뭔지도 모른다

나는 팔남매 장남인데도
정부 뜻에 따라 딸 둘만 낳았다

대 끊긴다고 구박도 받았지만
하나 밖에 없는 외로운 손녀한테

이모를 선물해 줄 수 있어서
정말 다행이다

딤플 라이프

우리나라 계란판을 70% 생산하는
멋진 친구*가 있다

친구와 나는 중학교 졸업으로
가방끈이 끊어졌다
나는 중도에 포기했는데
친구는 주경야독으로 어렵게 고등학교 마치고
고학으로 서울 K대학을 졸업했다

편한 직장을 마다하고
당수리에 조그만 박스 공장을 차렸다
시행착오를 겪으며 신기술을 개발
안산 천안 김제에 공장을 둔 중견 기업인이 됐다

하느님 뜻을 실천하는 친구는
파주에 '겨자씨'라는 장애인 시설을 지어주고
베푸는 삶을 몸소 실천하고 있다

자주 만나지는 못하지만
늘 내 가슴 한구석에 자리 잡은 고마운 친구다

이제 실패한 '기업인 쉼터'를 만들고 싶다는
그가 내 친구여서 나는 너무 자랑스럽다

세상에 좋은 친구 하나 있으면
성공한 삶이라는데 나는 친구 덕에 성공한 셈이다

*풍년그린텍 유이상 회장.

고백

어느덧 내 나이 일흔여덟
KTX보다 빠른 세월에
속수무책 주름만 늘어가듯
미안한 마음도 그렇게 쌓여갑니다

벌써 반백 년
내가 해리면에서 근무할 때
당신은 꽃다운 스무 살 신규 공무원으로 입사했지요
둘이서 칠곡 마을 출장 갔다 오다가
도랑 건널 때 손잡아주던 인연이 여기까지 왔네요

가난한 팔남매 장남은 절대 안 된다고
심한 반대에도 나를 택해준 당신 정말 고맙습니다

박봉에 두 딸 낳아 잘 기르고
시부모 시동생 뒷바라지 부족함 없이
밥 먹듯 이사 다니던 힘든 그 많은 세월이
찬바람처럼 스쳐 지나가네요

순덕씨 고마워요
사랑해요

당신을 만난 것은 제 인생의 큰 행운이었습니다

아내의 칠순 나들이

을사년 일월 초입
영하 10도 세찬 한파를 가르며
양양 고속도로를 달린다
아내 두 딸 손녀와 함께

고성 겨울바다
푸른 파도가 여장을 푼 호텔까지 넘실거린다

칠순을 축하합니다
낳아주시고 길러주셔서 감사합니다
현수막도 걸고 풍선도 매달았다
케이크 촛불도 켜고 생일 축하 노래도 불렀다

스무 살 앳된 얼굴은
반백년을 넘어 성성한 백발로 바뀌었다

잘 자란 두 딸은 약사와 교사로
손녀는 고교 진학을 앞두고 있다

반세기가 넘는 시간
말단 공무원 아내는 두 딸 엄마로
팔남매 맏며느리로 할머니로 힘들었을 것이다

바다를 뚫고 솟아오른 장엄한 해를 보며
남은 생 더없이 평안하기를 기도한다

사랑합니다
그리고 고맙습니다

연둣빛 칠보산

진달래 벚꽃은 가고
겨우내 닫았던 말문이 열렸다
가지마다 연둣빛 입을 열고
봄의 기운을 발등에 쏟아낸다

사월 중순
어지러이 흩날리는 꽃잎을
어젯밤 내린 비가 슬그머니 쓸어가고
초록의 언어가 매달린다

날마다 새로운 얼굴로 나를 맞는 칠보산
가지에 매달린
칠보산의 새봄을 기록한다

어둠을 헤치고 나온 나무들
검은 산을 봄빛으로 바꾸고
생기가 넘치는 세상을 만들어간다

해설

해설

현실적인 직관으로 삶의 파장을 전달하는 방식

마경덕(시인)

 남과 다른 눈으로 대상을 들여다볼 때 '시'가 태어난다. 감각이란 개인적이어서 마주친 상황이 같아도 각각 달라질 수 있다. 거리에서 마주친 주변의 풍경과 낯익은 사물에서도 '시'는 발견된다. 일상의 어떤 지점에서 만난 찰나의 파장, 정확한 언어로 설명할 수 없는 미묘한 감정을 경험하게 될 때 시인은 "내면의 심리"를 '시'로 기록한다. 최상의 능력을 발휘한 언어는 "다른 세계를 드러낸 언어"라고 한다. 간절하게 몰입한 "마지막 언어"는 기필코 '시'로써 합당한 자격을 얻는다.
 어느 유능한 형사는 사건을 해결하기 위해 상식적인 방법은 택하지 않고 혼자서 엉뚱한 곳으로 먼저 가서 범인을 기다렸다고 한다. 실오라기 같은 단서를 기반으로 도주로를 예상하고 "뜻밖의 장소"에서 잠복했다. 아이러니하게도 안전한 피난처라고 믿었던 장소에서 대부분 범인은 검거되었다. 이러한 시도는 "경험과 예민한 감각"에서 시작되었다. 무엇보다 범인의 심리를 정확히 파악한 점이 관건關鍵이었다.

 이두철 시인 역시 "일상의 작은 틈"에서 머리칼 한 올의 단서를 찾아 숨은 '시'를 발견한다. 언어로써 대상을 이해할 수 있도록 단단한 덩어리를 해체하거나 흩어진 불안정한 상태를 조립해 구체적 형상으로 드러내는 것이다.
 초기작부터 작품을 관통하는 이두철 시인의 키워드는 "인간의 본질"이며 "삶의 자세"이다. 자신만의 "현실적인 직관으로 삶의 파장"을 전달하는 방식은 현실을 바라보는 "냉철한 사회적 시선"과도 밀접하게 연동된다. "삶에서 죽음을 발견하고 죽음에서 삶을 깨닫게" 하는 지혜는 올바른 삶을 지양止揚하는 시인의 '가치관'과 무관하지 않다.
 자연이 살아있는 칠보산을 끔찍이 아끼고 이웃과 더불어 살아가고 가장 가깝고 먼 '시'와 혈연관계인 시인은 자신과의 약속을 실천하며 매년 시집 한 권을 발간하고 있다. 더 많은 의미를 내포한 생략된 언어들, 마지막까지 취정吹正을 한 정갈한 언어의 집합, 선택된 단어와 가지

런한 문장은 최종의 결과물을 보여준다. 시인이 보낸 '신호'는 결이 다른 "저쪽의 세계"까지 잔잔히 파장을 일으키며 번져간다.

  살모사 한마리
  어느 날 하늘로 솟구쳐 올랐다

  날개 한 벌 얻었을까
  강산이 발 아래 펼쳐진다

  갈색뱀수리에 붙잡혀
  마지막 하늘을 비행하는 중이다

  맹독 한번 써보지 못하고
  먹잇감이 되어 둥지로 끌려가는 살모사

  맹금류 발톱에 붙잡혀
  소리 한번 지르지 못하고 죽어간다

  자연은 예외를 두지 않는다

  최상위 포식자도 어느 날 누군가의 먹이가 된다
              - 「먹이사슬」 전문

맹금류 '갈색뱀수리'의 발톱과 '살모사'의 맹독이 충돌한다. '살모사'의 맹독이 얼마나 '뱀수리'에게 치명적일 수 있겠는가. 이미 발톱에 묶였으니 반죽음이다. 마지막 선물인 듯 날개 없이 하늘을 날고 있다. '뱀수리'가 실수로 '살모사'를 떨어뜨릴 기적은 일어나지 않는다. '살모사' 역시 저보다 약한 동물을 잡아먹고 살았을 것이다. 죽음 직전에서 피식자들은 어떤 심정일까. '펭귄'을 잡아먹는 '물개'가 '범고래'의 피식자이듯이 생태계에서 포식자와 피식자의 관계는 피할 수가 없다. 먹고 먹히는 상호작용은 생태계의 개체수를 조절하는 긍정적인 역할을 한다. 잔인하고 가혹한 먹이 사냥은 생태계의 지속 가능성과 생물의 다양성을 유지해주기에 누구 편도 들 수가 없다.

  '살모사'에게 닥친 불행은 우리 모두에게도 적용된다. 최상위 포식자인 인간에게도 '약육강식'의 법칙은 작용한다. 외부의 압력에 의해 번성하고 소멸하는 이 자연의 원칙은 그 누구도 피해갈 수가 없다. 이두철 시인은 한순간 벌어지는 "생과 사의 문제"를 "강자와 약자"를 통해 명료하게 보여준다. 찰나에 벌어진 "죽음의 신호"와 그 후의 단면들을 구체적으로 진술한다. 시인은 생의 허무하고 짧은 '마침표'를 통해 진정한 "삶의 자세"를 언급한 것이다.

  실바람에 탑이 흔들린다
  보릿고개 넘은 일층 할아버지
  개발시대 중진국에 사는 이층 어머니

설익은 선진국 사는 삼층 아이들
너무 색깔이 다른 삼층탑이 위태롭다

계층 간 사다리 없는
층간 소음이 갈등을 부추기고
흔들리는 탑은 중심 잡기 너무 버겁다

절약이 미덕인 시대에
가장 못사는 나라 경제발전 이룬 할아버지
소비가 미덕인 시대에 태어난
가난이 뭔 줄 모르는 이층 어머니
스마트 폰 게임에 빠져 사는
너무 똑똑한 삼층 어린 손자 손녀들

삼층 아이들 눈에는
일층 할아버지는 아는 것 없는
돈 많은 꼰대로 보이고
일층 할아버지 눈에는 삼층 아이들이
온상의 채소처럼 연약해 보인다

계층 간 벽이 너무 두껍다
삼층탑이 위태롭다
-「삼층탑이 위태롭다」 전문

세대가 다른 '삼대'가 한집에서 살아간다. 시인은 '삼대'를 '삼층탑'으로 보았다. 마치 연대가 다른 지층의 단면을 보는 듯하다. 일층인 할아버지는 탑의 기단(基壇)이 되어 2층과 3층의 중심을 잡아주고 있다. 또 다른 각도로 살펴보면 마치 한 가정의 서열순위 같기도 하다. 그 집의 어른보다는 아이들이 맨 '우선순위'가 되어가는 이 시대의 문제점을 짚어내고 있다.

　절약이 일상인 할아버지는 전쟁과 보릿고개, 경제 위기를 넘어 경제발전을 이룬 기성세대이지만 급속한 문화적 변화와 디지털 격차로 인해 아이들과 소통이 되지 않는다. 소비가 미덕인 시대에 태어나 가난을 모르는 이층 어머니와 스마트 폰 게임에 빠져 사는 어린 손주들이 세 개의 탑을 이루고 있지만 '각도'가 위태롭다. 삼층 아이들 눈에는 일층 할아버지는 무식하고 잔소리 많은 꼰대로 보이고, 할아버지 눈에는 똑똑한 삼층 아이들이 온상의 채소처럼 연약해 보인다. 문화적 배경과 시대적 환경, 가치관이 다른 세대가 한집의 구성원이 되어 삼층탑을 이루고 있다. 「삼층탑이 위태롭다」는 빠르게 변해가는 세대 간의 "문제점과 갈등"을 심도있게 조명하고 있다.

　　넓은 땅을 가진 이도 있고
　　서너 평 텃밭을 가진 사람도 있다

　　비료 주고 농약도 치고

상품 가치 올려 파는 이도 있고

유기농 자연농법을 고집해
새와 벌레와 나눠 먹는 사람도 있다

나의 텃밭에는
벌레 먹은 못난이 시도 있다

보통사람들이 읽는
생활일기 같은 시가 싹트기도 한다

벌레도 새도 다녀가는
나의 작은 텃밭

그래서 마음이 놓인다

― 「나의 시밭」 전문

  사람이 가진 '역량'은 사람마다 다르다. 시 쓰기도 다르지 않다. 넓은 땅을 가진 사람은 많은 '시'를 수확할 수 있겠지만 서너 평 텃밭을 가진 사람은 그다지 거둘 게 많지 않다. 농사법도 달라 약을 치지 않고 유기농 자연농법으로 "새와 벌레"와 나눠 먹는 사람도 있다. 시인의 텃밭엔 "벌레 먹은 시"와 보통사람들이 알아볼 수 있는 "생활일기 같은 시"가 싹트고 있다. '벌레'도 '새'도 다녀가는 작은 텃밭은 시인이 짓는 단출한 시밭이다. 이두철 시인은 상품 가치가 우선인 다수확의 시밭을 부러워하지 않는다. 벌레 먹은 잎사귀에서, 새가 다녀간 발자국에서도 '시'가 돋아남을 믿기 때문이다. 그 소박한 진실이 시인에게는 "위로가 되고 기쁨"이 된다.

위선환 시인은 "가을 나뭇가지엔 잎사귀가 듬성해지고 남아있는 잎사귀들 사이사이가 극명하게 드러날 때, 그가 살피는 것은 빛나는 잎사귀들의 사이와 사이사이에서 빛나는 극명한 틈새와 그 틈새들의 반짝거림"이라고 했다. 시인이 주목한 것은 잎사귀가 사라진 그 틈으로 쏟아지는 햇빛이었다. 나무의 여백을 통과하는 빛의 아름다움, 그때의 경이로움을 표현한 시인의 안목이 웅숭깊다.

이두철 시인도 자신의 작은 텃밭을 다녀갈 독자들을 위해 '시'를 짓는다. 자신의 농사법을 공개하고 함께 공유한다. 씨를 심고 밭이랑에 물을 주며 '시'가 꼬물거리는 소리를 들을 때 욕심 없는 농사가 평안해진다.

> 열 명중 일곱 명은
> 정직하면 바보 되는 사회라고 믿는다
>
> 도적의 수괴 도척은 천수를 누렸고
> 충절의 아이콘 백이와 숙제는 굶어 죽었다
>
> 착하게 살면 복을 받고

악하게 살면 천벌을 받는다는
권선징악은 과연 존재하는 것일까

비정상이 정상을 이기는
비현실적인 사건들

전세사기꾼 세입자 울리고
철근도 안 넣어 아파트를 짓고
주가 조작해 서민의 지갑을 털어간다

아내를 남편을 어머니 아버지를 죽이는
돈이 우선인 세상

사라진 밥상머리 교육
무너진 윤리 도덕이 원인은 아닐까

할머니 무릎 베고 누워 듣던 도깨비 얘기가 그립다
- 「무너져버린 윤리 도덕」 전문

  필자의 큰딸이 고3이었을 때 학교에서 도덕 시간도 없고 음악도 배우지 않는다고 해 깜짝 놀랐던 적이 있다. 오직 대입을 위해 "영어와 수학"에 전념한다는 거였다. 우리가 자주 불렀던 '가고파' '그 집 앞' '동심초' 주옥같은 가곡조차 알지 못했다. 아이에게는 오직 '성적'만 있었다. 그렇게 야간자습까지 마치고 밤늦게 돌아온 아이는 파김치가 되어있었다.

　도덕을 가르치지 않는 대가를 지금 우리들은 혹독하게 치르고 있다. 성적 위주로 사람을 평가하고 학벌이 우선인 사회가 되었다. 그 영향으로 아이들이 집안에서 1순위가 되면서 "밥상머리 교육"도 없어졌다. 진정한 교육은 어릴 적 '밥상머리'에서 나오지 않았던가. 열 명중 일곱 명은 정직하면 "바보 되는 사회"라고 믿는다니 무서운 일이다. '비정상'이 '정상'을 이기는 비현실적인 사건들이 날마다 보도된다.

　옛말에 근묵자흑近墨者黑이라는 말이 있다. "먹을 가까이하는 사람은 검어진다"는 뜻으로, 나쁜 사람과 가까이 지내면 나쁜 버릇에 물들기 쉬움을 비유적으로 이르는 말이다. 잘 나가는 악인과 가까이하다 보면 그 영향으로 "언어와 사고"가 점차 그와 같아질 가능성이 높다. 성경 잠언에 "너는 악인의 형통함을 부러워하지 말며 그와 함께 있으려고 하지도 말라"는 말씀이 있다. 지혜로운 자는 악인의 "물질적 형통"을 질투하지 않을 뿐더러 그들과 동행하는 것조차 원치 않는다. 악인이 잘 되는 것은 형통이 아니라 "재앙의 시작"이라고 하였다.

　구약성경 '에스겔'에 보면 당시 강대국이었던 애굽왕 바로가 나일강은 내 것이며 자신이 세상을 만든 신이라며 주변 약소국을 괴롭히고 자신을 숭배하게 했지만 악인의 말로는 비참하였다. 전세사기꾼이 세입자를 울리고 주가 조작해 서민의 지갑을 털어가는 시대, 시인은 차라리 할머니 무릎을 베고 누워 듣던 "도깨비 얘기"가 그립다고 한다. '도깨비' 같은 황당무계한 세상이다. 돈 때문에 부모와 자식을 죽이는 세상, 자신의 행복이 우선인 세상, 시인은 착한 일을 권장하고 악한 일을 징계한다는 "권선징악勸善懲惡은 아직 유효한가"라고 묻는다.

> 전설의 동물 외발이 기夔는
> 발이 100여개 달린 지네를 부러워한다
>
> 지네는 발도 없이 달리는 뱀을
> 뱀은 아무 데나 달려가는 바람을 부러워한다
>
> 바람은 멀리 바라보는 눈을
> 눈은 앉아서 천리를 보는 마음을 부러워한다
>
> 가난한 사람은 부자를
> 부자는 권력을 부러워한다
>
> 내가 갖지 못한 것에 대한
> 내 것이 가장 아름다운 것을 모르는 부러움
>
> 돌고 돌아 모든 것들은 서로를 부러워한다

소중한 것은 바로 자신인데

　남의 것을 부러워하고
　자신을 자책하는 마음이 불행의 시작이다

-「풍연심風憐心」전문

　장자의 '추수편'에 나오는 풍연심風憐心은 바람은 마음을 부러워한다는 뜻이다. "전설의 동물 외발이 기夔는/발이 100여개 달린 지네를 부러워한다// 지네는 발도 없이 달리는 뱀을/뱀은 아무 데나 달려가는 바람을 부러워한다"에서 알 수 있듯이 인간은 자신이 가지지 못한 것을 부러워한다. 자유롭게 달려가는 바람도 멀리 바라보는 눈을 부러워하고 눈은 앉아서 천리를 보는 마음을 부러워한다. 내 것이 가장 아름다운 것을 모르는 부러움이다. 결국 돌고 돌아 모든 것들은 서로를 부러워한다고 한다. 소중한 것은 바로 자신인데 알지 못하고 남의 가진 것이 부러워 "자신을 자책하는" 마음이 "불행의 시작"이라고 시인은 말한다.

　"남의 손의 떡이 커 보인다"는 속담도 있다. 똑같은 물건도 남의 것이 더 좋아 보이면 불평불만이 생긴다. 다른 사람이 하는 일은 왠지 쉬워 보이고 내가 하는 일은 힘들어 보여 인간관계까지 악화될 수 있다.

　이치저널(each journal)의 기사에서 '풍연심'과 같은 사람들의 심리를 읽었다. 회사가 부도가 나서 파산된 사람은 회사가 작거나 어려워도 출근을 하는 사람들을 보면 부럽고, 죄를 지어 감옥에 간 사람은 굶거나 회사가 망해도 자유롭게 세상을 활보하고 하늘이 보이는 온전한 공간에서 숨을 쉬었으면 더 이상 소원이 없으리라 생각하는 것이다. 불치병으로 병실에 누워있는 사람은 부도가 나서 심한 고통을 받아도 좋고, 감옥에 갇혀 자유를 제한받아도 좋으니 제발 살아만 있었으면 한다는 것이다. 극한 상황에서는 작은 불행은 불행도 아니다.

이두철 시인은 세상의 질문을 찾아내고 세상을 살아내는 "올바른 자세"를 제시한다. 이처럼 차근히 "삶의 방법론"을 만들어가고 있다.

> 칠십 중반 김 할아버지는
> 시한부 판정을 받았다
>
> 당황할 법도 한데
> 아내 위해 작은 집으로 바꾸고
> 남은 돈은 자식들에게 똑같이 나눠준다
>
> 요양병원은 직접 예약하고
> 자식 불편하지 않도록 연명치료도 거부했다
>
> 장례는 조용히 치르라 하고
> 제사는 지내지 말고 아빠 생각나면

하늘을 한번 봐라 아빠가 기도하고 있을 테니

너희들 살기도 힘들 텐데
병원비 장례비용은 마련해 두었으니
시간 날 때마다 가끔 얼굴을 보여주면 된다

영상편지도 남겼다
너희들이 있어서 한세상 잘 살다 간다
고맙고 감사하다 정말 행복했다

참 멋진 죽음이다
 　　　　　　　　　　　　　　 -「잘 죽는 것」전문

　문득, 생각 한줄기 섬광처럼 스쳐갔다. 가로등 불빛에 비치는 빗줄기는 놀랍게도 '샤워꼭지'의 물줄기처럼 '일정한 간격'과 '같은 크기'로 떨어지고 있었다. 필자가 늘 보았던 당연한 현상이었지만 그날만은 달랐다. 아무런 장치도 없는 아득한 허공에서 떨어지는 빗줄기가 어찌 저토록 가지런한가. 빗줄기가 잘게 쪼개지지 않고 뭉쳐서 내린다면 물폭탄이 되고 사람들은 그 무게에 부상을 당하거나 사망할 수도 있을 것이다. 저 비는 어디서부터 일정하게 쪼개져서 무사히 지상으로 착륙하는 것일까. 지금까지 그 고마움을 모르고 살아왔는데 필자의 눈으로 처음으로 알아낸 "자연의 비밀 하나"에 가슴이 설렜다.

이 세상엔 우리가 알지 못한 숱한 비밀들이 지금도 누군가 "발견해 주기를" 기다리고 있을 것이다. 인간을 향한 "신의 사랑과 약속"을 믿으며 그날만은 굳이 비를 피하지 않고 천천히 걸었다. 옷이 젖었지만 불평은 감사함으로 바뀌었다. 너무나 당연한 것들도 가만히 들여다보면 당연하지 않은 "오묘한 법칙"이 숨어있다.

「잘 죽는 것」역시 남다른 생각으로 생을 마무리하고 있다. 시한부 판정은 어차피 하늘이 내린 결정이니 저항하지 않고 "겸허히 순응"하겠다는 의지를 보여준다. 이 얼마나 깔끔한 마무리인가. 살면서 터득한 지혜가 한 노인의 "죽음을 지배"하고 있다. 이것은 깨달음이 없으면 불가능한 일이다. 삶의 틈새로 발견한 하늘의 비밀 하나가 평안하고 아름다운 죽음으로 이끌었을까. 고맙다, 감사하다는 말은 '이기적'이 아닌 '이타적'인 말이어서 참 따뜻하게 느껴진다. 자신의 불행과 충돌하며 타인을 원망하고 분노할 때 그 불행은 더욱 자신의 '목'을 조인다는 것을 우리는 알고 있다. 잘 죽는 것은 모두에게 "평안을 나누는" 일이다. 죽음이 이토록 아름다웠는지 잠시 숙연해진다.

    오십 초반 김 씨가 죽었다

    악취는 진동하고
    빈 술병은 어지러이 나뒹굴고

때 묻은 동전은 이리저리 굴러다닌다

소독약을 뿌리고
빈병 치우고 유품 정리하며
때 절은 동전을 닦고 있는데

꼬부라진 할머니가 문을 열고
그 동전 저 주세요
그거 없으면 굶어 죽어요

기초생활수급비 빼앗은
아들 목숨은 술이 연명하고
늙은 엄마는 아들에게 맞으며 목숨을 이어갔다

매를 피해 나갔다가
아들이 잠들면 몰래 들어온 할머니

애비 없다 손가락질 받을까
금이야 옥이야 기른 외아들

빈자리가 슬프지만은 않다

- 「빈자리」 전문

천양희 시인의 시 '빈자리가 필요하다'를 보면 "맹세를

물에 적어 놓을 때, 누구나 조금씩 우울의 저금통을 가지고 있을 때, 등받이 없는 의자에 앉아 가끔씩 울 때, 삶이란 학교에서 영원한 학생일 때, 그늘이 아름다운 빈자리가 필요하다"고 하였다.

'빈자리'는 있어야 할 사람이 떠난 "부재의 자리"이다. 그 '빈자리'가 아름답다면 인생을 잘 살아온 것이지만 '빈자리'가 후련하다면 인생을 잘못 살았다는 것이다. 죽음에도 여러 유형이 있다. 사람답게 살다가 자신의 죽음을 잘 마무리하는 사람이 있는가 하면 살면서 악행을 저지르고 끝까지 남에게 폐를 끼치고 떠나는 사람도 있다.

여기 한 사람이 떠나고 '빈자리'가 생겼다. 늙은 노모에게 외아들은 과연 편히 쉴 등받이 의자였을까. 오십 초반 김 씨가 죽은 자리엔 악취와 빈 술병이 나뒹굴고 때 묻은 동전은 이리저리 굴러다닌다. 생전의 모습을 보여주듯이 마지막 자리가 뒤숭숭하다. 유품정리사의 손을 빌려야만 이 어지러운 죽음은 마무리가 가능하다.

그동안 김 씨는 노모의 기초생활수급비 빼앗아 밥처럼 술을 들이켜고 폭력을 마구 휘둘렀다. 매를 피해 나갔다가 아들이 잠들면 몰래 들어온 노모의 심정은 어떠했을까. 애비 없다 손가락질 받을까 귀하게 기른 외아들이지만 '빈자리'가 슬프지만은 않다. 타인과 비교하며 주어진 환경을 원망하고 "생을 부정하는" 것은 어리석은 짓이다. 신이 인간을 창조할 때 누구에게나 '자유의지'를 주었다. 삶의 주인공은 자신이기에 나에게 '선택권'이 있다. 소중한 삶을 스스로 포기해버린 안타까운 죽음을 시인은 '빈자리'를 통해 보여준다.

당수동 인정아파트 정문 앞에는
십여 년째 다니는 단골 미용실이 있다

원장이 한 번 바뀌었는데
전 원장은 동네 사랑방 같은 쉼터였고
지금 원장은 너무 고요해 적막이 흐른다

이발요금도 깎아주고
머리도 깔끔하게 잘 다듬어
시집 한 권을 선물로 드렸다

전 원장 두 권, 현 원장은 네 권
전 원장이 떠나면서 시집을 두고 가
여섯 권이 책장에 나란히 꽂혀 있다

조용한 미장원은
기다리는 시간은 지루한데
시끄럽지 않아서 책 읽기 딱 좋다
책장에서 꺼내 읽기도 하고
집에 가서 읽고 다시 가져다 놓는다

> 원장이 관장인 미니 도서관은
> 올해도 어김없이 신간을 기다리고 있다
>
> — 「미니 도서관」 전문

　당수동 '인정아파트' 정문 앞 미용실에 가면 시인이 만든 '미니 도서관'이 있다. 미용실 원장이 바뀌어도 '미니 도서관'은 여전히 건재하다. 이발요금도 깎아주고 머리도 깔끔하게 잘 다듬어 고마움에 시집 한 권 선물로 드린 것이 어느새 '미니 도서관'을 이루었다. 나란히 서 있는 여섯 권의 시집, 생각만 해도 뿌듯하고 아름다운 풍경이다. 누군가는 지루한 시간을 버티느라 시집을 읽고 시집의 저자를 궁금해 할 것이다.

　예전 동네 미용실에는 주부들이 주고객이어서 볼거리가 많은 흥미 위주의 '가십거리'가 담긴 주간지 '선데이 서울'이 어지럽게 쌓여있었다. 반라의 아름다운 여인들이 표지를 장식하고 눈길을 끌었다. 그런데 시인의 단골 미용실은 '시집'이 비치되어 있으니 차원이 다르다. '미니 도서관'의 관장은 미용실일까. 시인일까. '미니 도서관'의 주인이면서 손님인 시인은 해마다 시집을 불려 나갈 계획에 설레고 있다.

> 61번째 공연을
> 끝으로 인생 1막은 커튼이 내렸다

대본도 연습도 없는
연기는 허술하기 그지없지만
나름 애쓰는 모습이 가상하여
스스로 낙제를 면하는 점수를 준다

안산시립합창단 시립국악단과
함께 연주한 이별 공연도 모두 끝났다

어떻게 살았는지 아등바등
어느새 1막은 바람처럼 지나가 버리고
서산에 걸린 노을처럼 붉은 2막이 시작됐다

실수하지 않으려
수없이 1막을 피드백 하는데
다행히 매달 항아리에서 쌀은 조금 나온다

어느 날 선물처럼 다가온 시
굳어버린 머리로 수없이 읽고 써
희끗희끗한 칠순에 등단 첫 시집을 지었다

날마다 한두 줄 1주일에 한두 편
매년 여덟 채를 지었다

종영할 날이 서서히 다가온다

한두 줄 시 쓰는 하루하루가 행운의 선물이다
　　　　　-「내 인생은 큰 선물입니다」 전문

「내 인생은 큰 선물입니다」는 이 시집의 표제작이다. 시 한 편 속에는 그동안 살아온 "시인의 궤적"이 들어있다. 아등바등 살아온 지난날, 대본도 연습도 없는 연기는 허술하지만 나름 애쓰고 살아왔기에 스스로에게 '가산점'을 준다. 무엇보다 주목할 점은 "철학적 탐구"를 통해 정립된 시인의 "올바른 인생관"이다. 개인의 가치관은 행동이나 선택에 영향을 미치며, 삶의 목적과 방향성을 결정짓는다. 인생 자체를 큰 선물로 받아들이는 마음가짐엔 미움도 원망도 없다.

　이두철 시인은 가난한 농부의 9남매 중 장남으로 태어나 중학 졸업을 끝으로 공장에서 일하며 비료값이라도 벌어야 했다. 장남을 숙직실에 두고 전답을 모두 팔아 도시로 떠나버린 무심한 가족들. 직장에서 누명을 쓰고 대부도로 밀려났던 가슴 아픈 일도 있었지만 자신과의 약속을 성실히 이행하며 긍정적인 사고로 주어진 삶을 조율하였다.

　2023년 6시집 『내 인생의 대본은 누가 쓸까』를 살펴보면 시인의 가치관이 명료하게 드러난다. 삶과 죽음은 분리될 수 없기에 "잘 사는 것은 잘 죽는 일이며, 잘 죽는 것 역시 잘 사는 일"이라는 것이다. 대척점에 있는 것들을 감싸고 이해하는 태도는 한층 깊어진 연륜의 힘이다. 그동안 살아낸 무게가 오롯이 녹아있는 시인의 내부에는 참된 삶을 격려하는 사유들이 적재되어 있음을 알 수가 있다.

  늦깎이 시인, 그러나 한 번도 멈추지 않는 그의 창작열은 청춘의 나이다. 접근이 쉽지 않은 자신과의 약속을 매년 실천하고, 불리하게 규정된 상황에도 "또 다른 출구를 만들어가는 것"은 비단 시인의 일로만 그치지 않는다. 각박한 시대, 현실에 민감하게 반응하는 현대인에게 이두철 시인의 행보는 표본標本이 될만한 유의미한 일일 것이다.